JAVASCRIPT EM 20 PASSOS

DO BÁSICO AO INTERMEDIÁRIO

P. A. Gabriel

ISBN: 978-87-999829-5-0

Primeira Edição 2021

Publicado por Tech Stuff House, um selo de Virgo Publishers. contato@virgopublishers.com

Para entrar em contato com o autor deste livro, envie um e-mail para autores@virgopublishers.com.

Conteúdo

Introdução

JavaScript é uma linguagem de programação utilizada para fornecer interatividade a aplicativos web e mobile. Inicialmente, esta linguagem era utilizada somente por browsers, mas hoje em dia, uma quantidade enorme de aplicativos para Android e iOS são desenvolvidos com JavaScript através de frameworks como NativeScript, React Native e outros.

Este livro ensina os principais elementos do JS através de exemplos práticos e não de apenas conceitos. Por exemplo, ao invés de somente explicar o que é uma variável, você aprenderá logo no início como alterar o valor de uma variável, pois não adianta nada saber o que é algo, se você não souber como utilizar.

Você perceberá que JS não é complexo e que é sim possível aprendê-lo rapidamente. Seguindo todos os 20 passos apresentados neste livro, você estará apto para começar a desenvolver projetos pessoais e, consequentemente, poderá alcançar o nível avançado.

1 - Exibir uma mensagem no site

```
function exibirAlerta() {

alert("Seja bem-vindo!"); // Sempre coloque um ponto e vírgula
no final de uma declaração.

}
```

Uma função é onde executamos a maior parte do nosso código JavaScript. Ela é composta pela palavra "function" seguida pelo nome que damos a função. No nosso caso, demos o nome de exibirAlerta para combinar com o nosso objetivo. Após o nome, abrimos e fechamos parênteses e colchetes. O código que será executado deve ser colocado entre os colchetes.

Em uma situação real, não existem motivos para exibir uma mensagem de boas-vindas usando a função alert(). Geralmente, a utilizamos para mostrar uma mensagem de erro ou alerta. O texto que será exibido deve estar entre "" aspas.

Repare que colocamos um texto no nosso código explicando o uso do ponto e vírgula. Você pode incluir textos explicativos no seu código JavaScript, desde que eles sejam precedidos de duas barras //. Nós chamamos o uso das duas barras de *comentar o código*. Qualquer linha precedida de //, não será interpretada.

Isto é bastante útil quando queremos desativar parte do nosso código para fins de testes.

2 - Alterar o valor de uma variável

Uma variável pode armazenar diversos tipos de dados, sendo os mais comuns string e número. Para declarar uma variável, utilizamos a palavra var.

```
var cidade;
```

No exemplo acima, criamos a variável cidade sem nenhuma informação armazenada. Mas podemos mudá-la para incluir o nome de alguma cidade.

```
var cidade = "Belo Horizonte";
```

Agora, a variável tem a string "Belo Horizonte" armazenada nela. Se quiséssemos inserir um número ao invés de uma string, faríamos o seguinte:

```
var cidade = 10;
```

Repare que não utilizamos aspas com o número 10, pois não se trata de uma string. "10" entre aspas é uma string e não um número.

Também é possível alterar o valor de uma variável de forma dinâmica, mesmo que seu valor já tenha sido declarado. Veja no exemplo a seguir:

```
var cidade;

function mudarCidade() {

var cidade = "São Paulo";

}
```

A variável inicialmente não tinha nenhum valor, mas isso foi mudado com a execução da função mudarCidade(). Vamos criar outra função para exibir um alerta com o nome da cidade.

```
function minhaCidade() {

alert(cidade);

}
```

O resultado da função acima será o nome São Paulo. Repare que para exibir o valor de uma variável não colocamos aspas, pois aspas são utilizadas com strings. Se quiser exibir um texto antes da variável, deverá alterar o alert() da seguinte forma:

```
alert("Minha cidade é " + cidade);
```

Veja que colocamos uma string seguida de um sinal de + que irá juntar o texto e a variável. Os espaços dentro de uma string também são interpretados, portanto, antes de fechar aspas, é necessário um espaço para separar o texto do nome da cidade.

3 - Incluir JavaScript no HTML

Você já deve saber como fazer isso, pois o requisito mínimo para se trabalhar com JavaScript é saber HTML. Existem duas formas de incluir JS em uma página HTML. A mais comum é chamando o arquivo JS, como mostrado a seguir:

```
<script src="meuscript.js"></script>
```

A segunda possibilidade é incluir o código na própria página dentro da tag <script>.

```
<script> function meuCodigo() {} </script>
```

4 - Chamar uma função

Todo o código dentro de uma função será executado quando tal função for acionada. O mais comum é que façamos isso com o clique de um botão na página HTML.

```
<button onclick="selecionarCor()">Clique aqui</button>
```

Após a função principal ser acionada, outras funções podem ser chamadas dentro do próprio JavaScript. Vejamos:

```
function selecionarCor() {

outrasCores();

}
```

No código acima, a função outrasCores() está sendo chamada dentro da função selecionarCor(). Para que tudo isso aconteça é necessário que o usuário do site clique no botão.

5 - Passar valores para funções

Imagine a situação onde o usuário do site clica em um botão ou algum outro elemento para selecionar uma cor e você deseja passar essa informação para seu código JS. Podemos fazer isso de duas formas.

```
<button onclick="selecionarCor('green')">Clique aqui</button>
```

No exemplo acima, adicionamos a string 'verde' dentro dos parênteses da função usando aspas simples, pois aspas duplas já estão sendo utilizadas no atributo onclick. Se quisermos passar duas cores ao mesmo tempo, bastaria adicionar uma vírgula.

```
 <button onclick="selecionarCor('green', 'blue')">Clique aqui</button>
```

A segunda forma de passar valores para uma função é com o uso de atributos. Veja o exemplo:

```
<button cor="green" onclick="selecionarCor(this.cor)">Clique aqui</button>
```

Criamos o atributo cor e passamos ele através de this.cor nos parênteses da função. Se o atributo fosse id, então seria this.id e assim por diante. Já a nossa função no JavaScript ficará da seguinte forma, independente de qual dos métodos você usar:

```
function selecionarCor(cor) {

}
```

Para duas cores, ficaria assim:

```
function selecionarCor(cor1, cor2) {

}
```

6 - Alterar a propriedade de um elemento HTML

Seguindo o exemplo anterior onde o usuário escolhe uma cor, vamos pegar este valor e usar para alterar a cor de uma div na página HTML.

```
<div id="minhaDiv" class="minhaDiv" ></div>
```

É importante que a div tenha um ID ou uma classe CSS para que possamos selecionar tal elemento.

```
function selecionarCor(cor) {

document.getElementById("minhaDiv").style.color = cor;

}
```

Se quiséssemos selecionar a div pela classe CSS, faríamos o seguinte:

```
document.getElementsByClassName("minhaDiv").
style.color = cor;
```

7 - Escopo global e local

Quando definimos uma variável fora de uma função, ela pode ser acessada por qualquer função no nosso código JS. Quando a variável se encontra somente dentro de uma função, ela só pode ser acessada dentro da própria função.

```javascript
var cor = "blue"; // Variável global

function cadastro() {

var nome = "Carlos"; // Variável local

}
```

8 - Executar uma função no carregamento da página

Quando precisamos que uma função seja executada assim que a página é carregada, utilizamos window.onload. Vejamos:

```javascript
function minhaFuncao() {

}

window.onload = minhaFuncao();
```

9 - Operações matemáticas

Podemos somar, subtrair, multiplicar e dividir números em uma variável.

```
var a = 10 + 10;

var b = 15 - 5;

var c = 2 * 5;

var d = 20 / 2;
```

Podemos fazer mais de um tipo de operação ao mesmo tempo, utilizando regras matemáticas. Veja abaixo que o resultado será diferente em cada uma das operações:

```
var a = (10 + 10) * 5; // Aqui o resultado é 100.

var b = 10 + 10 * 5; // Aqui o resultado é 60.
```

Podemos também utilizar os valores numéricos de variáveis ao invés de escrever todos os números diretamente.

```
var a = 20;

var b = 30;

var c = a + b;
```

Também é possível aumentar ou diminuir números utilizando -- ou ++.

```
var a = 19;

a++;

var b = a;
```

No exemplo acima, var b = 20, pois aumentamos var a em uma unidade.

10 - Operadores de comparação

Nós podemos comparar informações no JS e verificar se uma condição é verdadeira ou não.

==	Igual
===	Valores e tipos de dados iguais
!=	Não é igual
!==	Valores e tipos de dados diferentes
>	Maior que
<	Menor que

>=	Maior ou igual
<=	Menor ou igual

11 - Operadores de lógica

Estes operadores nos permitem estabelecer condições para a execução ou não de determinado código.

&&	E
||	Ou
!	Não é verdadeiro

12 - Condicionais if, else e elseif

O if é uma condição que estabelece que se uma regra for verdadeira, uma tarefa será executada. O elseif vem depois do if e estabelece uma nova regra que será verificada caso a primeira não seja verdadeira. Já o else introduz o código que será executado caso nenhuma das condições estabelecidas sejam verdadeiras. Se você declarar mais de um if em uma função, eles serão verificados de forma independente mesmo que algum deles seja verdadeiro. Vejamos um exemplo:

```javascript
var temporada = "inverno";

var dia = "quarta";

var preco = 75;

function desconto() {

if (temporada == "inverno" && preco > 99) {

document.getElementById("minhaDiv").innerHTML = "
Promoção de inverno: 10% de desconto.";

} elseif (preco === "75" && dia == "quarta") {

document.getElementById("minhaDiv").innerHTML = "
Somente hoje, 5% de desconto.";

} else {

document.getElementById("minhaDiv").innerHTML = "
Confira nossa coleção de inverno.";

}

}
```

Repare que as condições if e elseif possuem seus próprios parênteses e colchetes. O else não possui parênteses, pois ele não estabelece nenhuma condição, mas possui colchetes. No exemplo dado, a primeira condição é falsa, pois var temporada é igual a "inverno", mas var preco não é maior que 99. A segunda também é falsa, pois var preco possui o mesmo valor da string "75", mas o tipo de dado não é igual. O correto seria preco == "75" ou preco === 75. Portanto, o else será executado e o texto "Confira nossa coleção de inverno" será adicionado dentro da div que tem o ID "minhaDiv".

Se quisermos utilizar condições independentes, devemos usar somente if e não elseif. Veja o exemplo:

```
var temporada = "inverno";

var dia = "quarta";

function desconto() {

if (temporada == "inverno") {

// Faça algo aqui.

}

if (dia != "quarta") {

// Faça algo aqui.

}

}
```

Apesar de podermos escrever nomes de variáveis com c cedilha e acentos, o recomendável é que não se faça isso. É por este motivo que a variável do nosso exemplo se chama preco sem o cedilha.

13 - Arrays

Um array é um tipo especial de variável que armazena diversos valores ao mesmo tempo. Exemplo:

```
var frutas = ["Banana", "Morango", "Laranja", "Ameixa"];
```

Podemos acessar um elemento dentro de um array através da sua posição. Em linguagens de programação, a contagem inicia no zero e não no um. Portanto, banana ocupa a posição zero no nosso array.

```
var escolha = frutas[0];
```

A variável escolha é igual a "Banana". Se quiséssemos que o resultado fosse "Laranja", usaríamos frutas[2].

Também é possível alterar um elemento de um array. No exemplo a seguir, trocaremos "Banana" por "Maçã":

```
frutas[0] = "Maçã";
```

A propriedade length nos permite descobrir o comprimento de um array. Exemplo:

var comprimento = frutas.length;

A variável comprimento é igual a 4, pois este é o número de elementos no array frutas. Para descobrir o último elemento de um array, fazemos o seguinte:

var ultimo = frutas[frutas.length - 1];

No exemplo acima, subtraímos o comprimento do array por um, pois como foi explicado, a contagem começa em zero. Desta forma, conseguimos obter a posição do último elemento.

14 - push(), pop(), shift() e unshift()

Para adicionar elementos no final de um array, utilizamos o método push(), veja:

frutas.push("Abacaxi");

Para remover o último elemento de um array, usamos pop():

frutas.pop();

Se o objetivo é remover o primeiro elemento, usamos shift():

```
frutas.shift();
```

Já para adicionar um elemento no começo do array, temos de utilizar unshift():

```
frutas.unshift("Uva");
```

15 - Loop for

Agora que já aprendemos o que é um array, podemos começar a utilizar o loop for para extrair os elementos do array. Imagine que você possui um array com 50 elementos e deseja colocá-los dentro de uma div separada para cada um deles. Ao invés de escrever todos os elementos diretamente no código, utilizamos o loop for para esta tarefa. Veja o exemplo a seguir:

```
var roupas = ["Calça", "Camisa", "Meia", "Bermuda", "Blusa"];

function selecionarItens() {

for (var i = 0; i < roupas.length; i++) {

var conteudo = "<div>" + roupas[i] + "</div>";

document.getElementById("minhaDiv").innerHTML = conteudo;

} }
```

No código anterior, extraímos todos os elementos da variável roupas e os colocamos dentro de uma div armazenada na variável conteúdo. Em seguida, inserimos a div dentro de uma div principal que possui o ID "minhaDiv".

16 - Return

Usamos return para enviar um valor para fora de uma função.

```
function somar(numero) {

return numero + 10;

}

var resultado = somar(50);
```

A variável resultado será igual a 60.

17 - Switch

Você já aprendeu que pode utilizar os condicionais if e elseif para estabelecer condições para que determinada tarefa seja executada. Mas quando temos muitas opções, o melhor é fazer o uso do switch que tem o mesmo papel do if e elseif, mas é mais simples de utilizar.

```javascript
var dia = 1;

var texto;

switch(dia) {

case 1:

  texto = "Segunda";

  break;

case 2:

  texto = "Terça";

  break;

case 3:

  texto = "Quarta";

  break;

case 4:

  texto = "Quinta";

  break;

case 5:

  texto = "Sexta";

  break;

}
```

No exemplo dado, o valor da variável dia será passado para o switch() e conferido em cada case até que uma opção verdadeira seja encontrada. O argumento break é o responsável por parar a execução do código no case verdadeiro. Caso o valor da variável dia fosse uma string e não um número, faríamos o seguinte:

```javascript
var dia = "primeiro";

var texto;

switch(dia) {

case 'primeiro':
  texto = "Segunda";
  break;

case 'segundo':
  texto = "Terça";
  break;

case 'terceiro':
  texto = "Quarta";
  break;

}
```

18 - Operador condicional ternário

Observe o seguinte cenário:

```
function maior(a, b) {

if (a > b) {

return "a é maior";

} else {

return "b é maior";

}

}
```

Nós podemos reescrever este código de manéira mais simples utilizando o operador ? (ternário). Veja:

```
function maior(a, b) {

return a > b ? "a é maior" : "b é maior";

}
```

O resultado será exatamente o mesmo e você terá economizado algumas linhas de código.

19 - JSON

Um arquivo JSON serve para armazenar e trocar informações. É bastante utilizado, pois é bem fácil de escrever e de ler os dados contidos no arquivo. Vejamos como estruturamos os dados:

```
[{

    "nome": "Pedro Henrique",

    "idade": 22,

    "cidade": "São Paulo"

}, {


    "nome": "Marcos de Freitas",

    "idade": 25,

    "cidade": "Belo Horizonte"

}, {


    "nome": "Guilherme dos Santos",

    "idade": 29,

    "cidade": "Rio de Janeiro"

}]
```

20 - jQuery e Ajax

O vigésimo passo deste livro não tem como objetivo ensinar a utilizar a biblioteca jQuery, pois podemos fazer tudo no JS sem ela. Mas o fato é que as coisas ficam mais simples quando a utilizamos e, por isso, recomendo que você aprenda a utilizá-la. O que faremos é usar Ajax para ler os dados de um arquivo JSON e isso fica muito mais fácil com a ajuda do jQuery.

O primeiro passo é incluir o jQuery na página HTML:

```
<script src="jquery.min.js"></script>
```

Agora podemos ler de forma simples os dados de um arquivo JSON como mostrado no exemplo a seguir:

```
$.ajax({

  dataType: "json",
  url: url,
  success: function success(json) {

}

});
```

Em uma situação real, podemos armazenar os dados do JSON em forma de array em uma variável. Veja o exemplo:

```javascript
var dados;

$.ajax({

 dataType: "json",

 url: arquivo.json,

 success: function success(json) {

 dados = json;

 }

});
```

Com os dados armazenados na variável, você pode trabalhar com eles da forma que desejar. Existem formas mais complexas de se extrair e utilizar dados de um arquivo JSON, mas o intuito aqui é o de capacitar você a efetuar consultas simples.

Projeto: Quote Machine

Para aplicar os conhecimentos aprendidos até aqui, vamos desenvolver um projeto simples que irá exibir citações diversas em uma página HTML.

Primeiramente, vamos criar a estrutura da página que irá mostrar as citações:

```html
<body onload="getQuotes(); color(); changeTitleColor();">

  <div id="title" class="content-fluid div-title">

    <h2>This is a quote machine that randomly shows love
quotes</h2>

  </div>

<div class="content-fluid div-quote">

  <p id="content" class="quote"></p>

  <input class="btn btn-primary" type="button" id="button"
value="More quotes" onclick="getQuotes();color()" />

  <p class="tweet"><i class="tweet-button fa fa-twitter-square
fa-2x" aria-hidden="true" onclick="tweetIt();"></i></p>

</div>
```

Dentro da tag <body> utilizamos o atributo onload que irá inicializar a função getQuotes() que seleciona as mensagens a serem exibidas, a função color() que muda a cor da mensagem e do plano de fundo e a função changeTitleColor() que muda a cor do título e da mensagem para preto caso a cor do plano de fundo seja branco.

Agora vamos criar o código JavaScript:

```javascript
function getQuotes()

{

    var myarray= new Array(

    "Love yourself. It is important to stay positive because
beauty comes from the inside out.",

    "Stay positive and happy. Work hard and don't give up
hope. Be open to criticism and keep learning. Surround
yourself with happy, warm and genuine people.",

    "Your positive action combined with positive thinking
results in success.",

    "Once you replace negative thoughts with positive ones,
you'll start having positive results.",

    "I believe if you keep your faith, you keep your trust, you
keep the right attitude, if you're grateful, you'll see God open
up new doors.",

    "Your smile will give you a positive countenance that will
make people feel comfortable around you.",

    "Your smile will give you a positive countenance that will
make people feel comfortable around you.",
```

```javascript
    "Positive thinking will let you do everything better than
negative thinking will.",

    "Believe that life is worth living and your belief will help
create the fact.",

    "Be true to yourself and surround yourself with positive,
supportive people."

    );

  for (var i=0; i < myarray.length; i++){

    myarray[i] = '<i class="fa fa-quote-left" aria-
hidden="true"></i> ' + myarray[i] + ' <i class="fa fa-quote-
right" aria-hidden="true"></i>' ;

  }

    var random = myarray[Math.floor(Math.random() *
myarray.length)];

    document.getElementById("content").innerHTML=random;

}
```

A função getQuotes() é composta de uma variável que contém
todas as mensagens que poderão ser exibidas na página. Ao invés
de colocá-las dentro de um array pronto, utilizamos new Array()

para esta tarefa. Em seguida, fazemos um loop no array e adicionamos um símbolo de aspas esquerda e direita em cada elemento do array. Na variável random, selecionamos de forma aleatória uma mensagem da variável myarray e, em seguida, adicionamos ela dentro da tag <p> que possui o ID "content".

A próxima etapa é construir uma função que irá mudar a cor da mensagem e do plano de fundo de forma aleatória:

```javascript
function color(){

    var randcol= "";

    var allchar="0123456789ABCDEF";

    for(var i=0; i<6; i++){

    randcol += allchar[Math.floor(Math.random()*16)];

    }

document.body.style.backgroundColor= "#"+randcol;

document.getElementById("content").style.color="#"+randcol;

    }
```

A cor do título da página é branca e não é alterada. A cor da div onde a mensagem é exibida também é branca. Já a cor da mensagem é a mesma do plano de fundo e muda aleatoriamente.

Sendo assim, a cor da mensagem não pode ser branca, pois ela ficaria inelegível. A cor do título também não pode ser branca quando a cor do plano de fundo for branca. Vamos criar a seguinte função para resolver estes problemas:

```javascript
function changeTitleColor() {

if (document.body.style.backgroundColor== "#ffffff"){

document.getElementById("title").style.color="#000000";

document.getElementById("content").style.color="#000000";

}

}
```

A função acima verifica se a cor do plano de fundo da página é branca e, caso seja verdadeiro, a cor do título e da mensagem é alterada para preto.

No nosso código HTML, colocamos um botão com o símbolo do Twitter que, quando clicado, chama uma função que permite o compartilhamento da mensagem. Na função que criaremos a seguir, a mensagem é armazenada na variável phrase e adicionada a URL de compartilhamento do Twitter.

```javascript
function tweetIt () {

var phrase = document.getElementById('content').innerText;

var tweetUrl = 'https://twitter.com/share?text=' +

  encodeURIComponent(phrase) +

  '&url=' +

  '';

 window.open(tweetUrl);

}
```

Utilizamos encodeURIComponent() para transformar a mensagem em um formato compatível para formar a URL. E para abrir a URL, utilizamos window.open().

Continuação dos estudos

Seu aprendizado não para por aqui. Você adquiriu uma sólida base em JavaScript, mas é necessário que você desenvolva alguns projetos pessoais e encontre as soluções para os problemas que aparecerem. Mas não se preocupe, pois praticamente nenhum programador sabe tudo que ele precisa saber. É por este motivo que existem fóruns na internet onde é possível fazer perguntas e obter as respostas para algum problema de programação. Por mais experiente que um programador possa ser, ele está sempre aprendendo algo novo. Portanto, mesmo que você ainda não se sinta confiante, comece a colocar em prática o que você já sabe, pois além de ajudar a aumentar seu conhecimento, também será ótimo para a construção do seu portfólio.